LECTURA VELOZ

La Mejor Memoria Para Mejorar, Lectura Rápida Y Mayor Productividad

(Aprende Cómo Leer y Entender Más Rápido)

Iosef Uribe

Publicado Por Daniel Heath

© Iosef Uribe

Todos los derechos reservados

Lectura Veloz: La Mejor Memoria Para Mejorar, Lectura Rápida Y Mayor Productividad (Aprende Cómo Leer y Entender Más Rápido)

ISBN 978-1-989808-80-1

Este documento está orientado a proporcionar información exacta y confiable con respecto al tema y asunto que trata. La publicación se vende con la idea de que el editor no esté obligado a prestar contabilidad, permitida oficialmente, u otros servicios cualificados. Si se necesita asesoramiento, legal o profesional, debería solicitar a una persona con experiencia en la profesión.

Desde una Declaración de Principios aceptada y aprobada tanto por un comité de la American Bar Association (el Colegio de Abogados de Estados Unidos) como por un comité de editores y asociaciones.

No se permite la reproducción, duplicado o transmisión de cualquier parte de este documento en cualquier medio electrónico o formato impreso. Se prohíbe de forma estricta la grabación de esta publicación así como tampoco se permite cualquier almacenamiento de este documento sin permiso escrito del editor. Todos los derechos reservados.

Se establece que la información que contiene este documento es veraz y coherente, ya que cualquier responsabilidad, en términos de falta de atención o de otro tipo, por el uso o abuso de cualquier política, proceso o dirección contenida en este documento será responsabilidad exclusiva y absoluta del lector receptor. Bajo ninguna circunstancia se hará responsable o culpable de forma legal al editor por cualquier reparación, daños o pérdida monetaria debido a la información aquí contenida, ya sea de forma directa o indirectamente.

Los respectivos autores son propietarios de todos los derechos de autor que no están en posesión del editor.

La información aquí contenida se ofrece únicamente con fines informativos y, como tal, es universal. La presentación de la información se realiza sin contrato ni ningún tipo de garantía.

Las marcas registradas utilizadas son sin ningún tipo de consentimiento y la publicación de la marca registrada es sin el permiso o respaldo del propietario de esta. Todas las marcas registradas y demás marcas incluidas en este libro son solo para fines de aclaración y son propiedad de los mismos propietarios, no están afiliadas a este documento.

TABLA DE CONTENIDO

Parte 1 1

Introducción 2

Capítulo 1. Entendiendo Los Conceptos Básicos De La Lectura... 4

TÉCNICA PRINCIPAL DE LECTURA #1: ESCANEO 6
TÉCNICA PRINCIPAL DE LECTURA #2: LECTURA FOCALIZADA. 9
TÉCNICA PRINCIPAL DE LECTURA #3: HOJEAR 11

Capítulo 2. Rutina Diaria Para Mejorar Las Habilidades De Lectura.. 13

CONSEJO RUTINARIO PARA MEJORAR LA LECTURA #1: LLEVA UN LIBRO A TODAS PARTES. 13
CONSEJO RUTINARIO PARA MEJORAR LA LECTURA #2: CREA UNA LISTA DE LECTURA. 14
CONSEJO RUTINARIO PARA MEJORAR LA LECTURA #3: TEN HORAS ESPECÍFICAS DEL DÍA PARA LEER. 14
CONSEJO RUTINARIO PARA MEJORAR LA LECTURA #4: CORTA EL TIEMPO QUE PASAS EN EL TELEVISOR Y EN EL INTERNET. 15
CONSEJO RUTINARIO PARA MEJORAR LA LECTURA #5: CREA UN BLOG. 15
CONSEJO RUTINARIO PARA MEJORAR LA LECTURA #6: PREPARA UN LUGAR CÓMODO Y TRANQUILO QUE SEA EXCLUSIVAMENTE PARA LEER. 16

Capítulo 3. Cómo Determinar Qué Es Importante 18

¿CÓMO PUEDE UN LECTOR DETERMINAR LOS PUNTOS IMPORTANTES? 19
¿CÓMO PUEDE EL LECTOR DETERMINAR SI CIERTA INFORMACIÓN EN EL TEXTO ES RELEVANTE O IRRELEVANTE? 19

Capítulo 4. Cómo La Lectura Rápida Está Relacionada Con La Comprensión 21

CONSEJO DE LECTURA RÁPIDA Y COMPRENSIÓN #1: CLASIFICA EL

Material De Lectura De Acuerdo A Su Importancia Y Prioridad 21
Consejo De Lectura Rápida Y Comprensión #2: Hojea Un Poco 22
Consejo De Lectura Rápida Y Comprensión #3: Lee En Un Ambiente Que Se Preste A Ello 22
Consejo De Lectura Rápida Y Comprensión #4: Toma Notas .. 23
Consejo De Lectura Rápida Y Comprensión #5: Lee A Un Ritmo En El Que Te Sientas Cómodo 23

Capítulo 5- Consejos Para Analizar Párrafos 25

Hacer Una Evaluación 25
Creando Una Inferencia 26
Interpretar Lo Que Estás Leyendo 26

Capítulo 6- La Importancia De Incrementar Tu Vocabulario 28

Capítulo 7- Técnicas De Visión Adecuada Y Movimiento Ocular 30

Capítulo 8- Estrategias Para Mejorar Tu Comprensión Lectora 33

Método De Lectura Activa #1: El Método Cornell 35
Método De Lectura Activa #2: Crea Tus Preguntas 35

Capítulo 9- Trucos Y Consejos Para La Lectura Rápida 36

Consejo Para La Lectura Rápida #1: Nunca Repitas 36
Consejo Para La Lectura Rápida #2: Utiliza Tus Dedos Como Guía De Tus Ojos Para La Leer 36
Consejo Para La Lectura Rápida #3: Concéntrate Y Nunca Pierdas El Foco 37
Consejo Para La Lectura Rápida#4: Sigue Todo El Tiempo La "Regla De La Tercera Palabra" 37
Consejo Para La Lectura Rápida #5: Lee Frases Y Líneas, No Palabras Individuales 37
Consejo Para La Lectura Rápida #6: Nunca Te Devuelvas 38
Consejo Para La Lectura Rápida #7: Gana Impulso Comenzando A Máxima Velocidad 38

Conclusión	40
Parte 2	42
Introducción	43
La Lectura De Velocidad Es La Concentración!	46
El Lenguaje Universal.	49
Tus Ojosya Son Asombrosos	55
Tu Capacidad De Lectura Pronto-A-Ser-Súper	62
Pruebe Su Velocidad De Lectura	64
"Izquierda Vs Derecha" ¿De Quéladoestás?	66
Estimulaciónquímica 1	89
Estimulaciónquímica 2	92
Técnicas De Lecturaenprofundidad	99
1. Establecer El Propósito	103
¿Quéquieroaprender De Este Material?	103
3. Revisarpropósito	106
4. Estudioenprofundidad.	107
El Fin	111

Parte 1

Introducción

Quiero agradecer y felicitarlos a todos por comprar el libro.

Este libro de "Comprensión Lectora" contiene pasos y estrategias, comprobadas, de cómo mejorar tu nivel de comprensión lectora y dominar todas las técnicas que ello comprende. Repasarás los conceptos básicos y, mientras vas leyendo, te darás cuentas que las cosas se complican un poco. Una vez que estés listo, podrás afrontar las cosas utilizando tu pensamiento crítico.

En cada capítulo de este libro encontrarás bastantes explicaciones. Por supuesto, necesitas leer para aprender cómo leer, así que es esencial que leas este libro de principio a fin. Las habilidades que se presentan en este compendio son bastante prácticas, por lo tanto podrás aplicarlas inmediatamente en cualquier situación de lectura. Hay recomendaciones bastante útiles y pragmáticas. Al final, la meta es crear en ti un lector activo.

Gracias de nuevo por comprar este libro.
¡Espero lo disfrutes!

Capítulo 1. Entendiendo los Conceptos Básicos de la Lectura

La lectura, es una habilidad comunicativa que cada persona, ya sea estudiante, profesional y cualquiera en medio de estos, debe aprender a dominar. Se dice que la lectura es la llave que permite abrir la puerta a ese mundo lleno de misterios, disfrute e información. Según investigadores de la lectura del desarrollo, para cualquier área, la lectura es la herramienta más importante para adquirir información. Esa información puede volverse un conocimiento preciado, después de ser procesada.

En nuestro día a día, ocho de diez cosas en las cuales usualmente nos involucramos, tienen que ver con la lectura. Desde leer una señal en la carretera hasta el navegar por Internet, siempre tienes que leer. Además, debes utilizar tus habilidades de lectura cuando visitas un restaurante, debido a que debes examinar el menú, y, por supuesto, debes utilizarlo si deseas aprender alguna nueva destreza, necesitas leer ese nuevo libro de autoayuda que recién compraste.

Si no sabes cómo leer efectivamente, es imposible que aprendas la diferencia entre personas famosas e históricas, los lugares en los que nunca has estado, o las cosas nuevas que no has visto. Y sí, leer es esencial para divertirse e involucrarse en actividades de relajación. Después de todo, la lectura ligera, el disfrute de un libro de ficción, buscar cómics y utilizar las redes sociales, implica leer un montón.

En el pasado, leer no estaba visto como un medio importante para adquirir conocimientos. Sin embargo hoy en día, con los cambios traídos por el avance de la tecnología y el auge de la Web Global, y otras tecnologías digitales, ha habido un renovado interés en el conocimiento. Nuevos bits de información están disponibles inmediatamente cada día. Serás dejado detrás si no lees. Con la explosión de conocimientos disponibles y el reciente avance en el campo de la tecnología y la ciencia, el leer eficazmente se ha convertido, verdaderamente, en una necesidad.

Para desarrollar la habilidad de leer de manera eficaz en una persona es necesaria la práctica y, también, el entendimiento. La cantidad adecuada de práctica te ayudará a desarrollar las destrezas necesarias en la lectura.

Para comenzar, debes aprender y entender los conceptos básicos de la lectura. Existen tres técnicas principales que puede utilizarse en la lectura, que son el escaneo, la lectura focalizada y hojear. Discutiremos cada uno.

Técnica Principal de Lectura #1: Escaneo

El escaneo es una técnica muy útil, especialmente si deseas tener una visión general del texto que debes leer. El escaneo es esencial para saber la totalidad de determinado artículo, y no debes enfocarte en detalles o secciones específicas. Principalmente, debes familiarizarte con la "forma" del material que estás leyendo, los tópicos claves o los temas principales, y otras características importantes del texto. Básicamente, cuando escaneas un texto determinado, solo necesitas mirar los subtítulos o los subtítulos incluidos en el texto. Debes señalar frases o palabras claves que te den una pista acerca de lo que trata el texto, usualmente, suele ayudar si lees las primeras oraciones de cada párrafo. De esta manera, tendrás idea de lo que tratan los puntos principales mientras avanza la discusión.

Para definirlo, el escaneo es utilizado para buscar piezas de información específica. Usualmente, el lector que escanea utiliza sus ojos para "cazar" las piezas de conocimientos e información específicas que necesita. Esta técnica suele ser utilizada por empresarios, y sus secretarias, cuando deben atender reuniones, planificar sesiones y proyecto de calendario. Estos detalles son útiles solamente para encontrar la información importante, nada más ni nada menos. No tienes que preocuparte si, en el proceso de escanear, encuentras palabras con las que no estás familiarizado.

Las personas que suelen utilizar esta técnica, ya tienen una pregunta en mente. Usualmente, se utilizan patrones de escaneo. Algunos utilizan "mirar en S" o el "Zigzageo" así, los ojos puedes moverse rápidamente a través de la página. Encontrarás que las mayúsculas son útiles si estas buscando el nombre de una persona, un lugar, o de algún evento. Si, por otra parte, deseas encontrar información estadística o alguna fecha específica, deberías buscar números o figuras. Con esta técnica, solo buscas la información que necesitas.

Algunos ejemplos prácticos del escaneo.

1. Buscar programas específicos en la guía televisiva publicada en las noticias.

2. Buscar en el directorio telefónico el número de tu restaurant favorito.

3. Descubrir lo que te dice tu Horóscopo para el día.

Técnica Principal de Lectura #2: Lectura Focalizada.

Existen dos importantes habilidades que son empleadas cuando de lectura focalizada hablamos, llamadas lectura intensiva y extensiva. Discutiremos cada una en los siguientes párrafos. La técnica de la lectura focalizada trata acerca de establecer un área específica para enfocarse o enfatizar. Simplificando, el propósito de la lectura está en ella, solo debes cumplir ese propósito. En este punto, diferenciaremos la Lectura Intensiva de la Lectura Extensiva.

(*) Lectura Intensiva: esta técnica solo puede ser empleada en artículos cortos o pequeños escritos. Aquí, tu objetivo es extraer solamente aquel pedazo muy específico de información que necesitas. Tienes que emplear tus ojos para tomar detalles específicos. En estos casos, debes entender completamente las palabras utilizadas, números citados y hechos incluidos.

Algunos ejemplos prácticos de la lectura

intensiva.

1. Leer un reporte de laboratorio acerca de la termodinámica.

2. Entender un diario internacional, un artículo o un informe del periódico.

3. Responder una carta de negocios.

(*) Lectura Extensiva: en esencia, esta técnica, es utilizada para tener un entendimiento general de cierto tema o tópico. Usualmente, los largos párrafos y artículos que son leídos en el nombre de la diversión y la recreación, son incluidos aquí. Expertos afirman que, aquí se incluyen los libros de negocios. Las habilidades en esta técnica son utilizadas generalmente para ampliar la familiaridad que uno tiene con cierta información sobre procedimientos específicos. No hay que preocuparse si hay ciertas lecturas con las que no estás familiarizado. Solo tienes que saltarte esa parte y seguir adelante.

Algunos ejemplos prácticos de lectura extensiva.

1. Un libro de contaduría para no-contadores.

2. Tu novela épica favorita, esa que lees antes de dormir.

3. Un artículo de revista que llamó tu atención mientras tomabas una taza de café.

Técnica Principal de Lectura #3: Hojear

Finalmente, debes entender lo que hojear significa. Para definirlo estrictamente, hojear se refiere a la técnica utilizada solo para captar la "esencia", el resumen, o la información más esencial. Los ojos necesitan correr rápidamente en el texto. Cuando la utilizas, no necesitas leer cada palabra, frase u oración.

A través de esta técnica, puedes obtener una idea general. Generalmente, cuando deseas leer un libro nuevo, hojeas los capítulos para decidir si será el próximo que leerás. Todos utilizamos esta técnica; solo no sabemos que lo hacemos. Los detalles no son tan importantes con esta técnica de lectura. Si no tienes idea cómo hacerlo, aquí te mostraré rápidamente como hacerlo:

Primero, debes leer el primer párrafo del capítulo que estás interesado en hojear para obtener una orientación general del texto. Luego, tienes que leer todos los títulos y subtítulos. Después, las primeras oraciones de los párrafos y seguir leyendo. Si hay mapas, gráficos, imágenes o ilustraciones, también debes estudiarlos con cuidado. Por último, el último párrafo, de lo que elegiste, debe ser leído completamente. Hay personas que escriben notas o crean un "esqueleto" basado en lo que han hojeado.

Algunos ejemplos prácticos en el hojeo.

1. El periódico completo (de punta a punta)

2. Una revista completa.

3. Un folleto de viajes y negocios.

Capítulo 2. Rutina Diaria para Mejorar las Habilidades de Lectura.

El leer, es una habilidad que necesitas alimentar y mejorar cada día. Puede ser un poco retador mejorar nuestra habilidad de lectura, pero hay maneras que pueden ayudarte a mejorar y a retomar el hábito de leer.

Por supuesto, todo comienza seleccionando buenos materiales de lectura. Como principiante, necesitas escoger materiales que estén alineados a tus intereses. Un mal libro no te ayudará en nada, es como si te forzaras a comer algo que no te gusta. Sin embargo, un buen libro te ayudará a apreciar la lectura.

Por lo tanto, aquí hay algunos consejos que te ayudarán a mejorar tus habilidades. Notarás una mejora si cumples cada día:

Consejo Rutinario para Mejorar la Lectura #1: Lleva un libro a todas partes.

No importa dónde vayas, siempre debes

llevar un libro contigo. Cuando salgas de casa, mete en tu bolso tu libro favorito. Si tienes un carro, mantén tantos libros como sea posible para que los leas en el momento que quieras.

Consejo Rutinario para Mejorar la Lectura #2: Crea una lista de lectura.

Actualmente, hay una lista popular, 100 libros que debes leer antes de morir, deberías revisarla. Toma nota siempre que haya una buena recomendación de algún libro. Está bien que tengas una lista larga. Algún día, tendrás el tiempo suficiente para leer todos los libros que quieras. Esto te motivará para comenzar a leer y continuar aprendiendo.

Consejo Rutinario para Mejorar la Lectura #3: Ten horas específicas del día para leer.

No importa si solo te dedicas de diez a quince minutos o una hora, o dos, antes de dormir para leer. Está bien, siempre que lo conviertas en un hábito. Asegúrate de leer cada día mantendrá tu pasión por la lectura ardiendo.

Consejo Rutinario para Mejorar la Lectura #4: Corta el tiempo que pasas en el televisor y en el Internet.

En vez de gastar tu precioso tiempo en programas de televisión o en Facebook o Twitter, ¿por qué no utilizarlo en algo más valeroso? Te beneficiará más el leer, no hay argumento alguno contra ello.

Consejo Rutinario para Mejorar la Lectura #5: Crea un blog.

Crear un blog, es una de las formas más populares para fomentar el hábito de leer. En más de una manera, la lectura se complementa con la escritura. No tienes que gastar ni un centavo en un blog, así que, ¿por qué no comenzar desde ahora? Esto te dará un empujón adicional y la motivación necesaria para leer más.

Consejo Rutinario para Mejorar la Lectura #6: Prepara un lugar cómodo y tranquilo que sea exclusivamente para leer.

Un espacio tranquilo te ofrece más razones para pasar tiempo leyendo. Esto te ayudará a explorar el material de lectura que elegiste y a disminuir cualquier interrupción. El espacio, debería tener una mesa y una silla cómoda. Si en tu hogar no existe un lugar así, constrúyelo.

Esto son solo algunos consejos para que te motives a leer más. Traza metas. Una vez que te acostumbres, notarás que, al año, estarás leyendo una media de quince libros al año. Es un buen número que no es imposible de alcanzar. Solo asegúrate de estar disfrutando lo que estás haciendo y que estás apresurando tu lectura. Mantén el factor de disfrute. Hazlo mientras estés disfrutando de tu comida favorita, o tomando tu bebida preferida; también mientras estas sentado en una cómoda silla o acostado en tu cama. Pero, lo más importante, hazlo para mejorar e

incrementar tus conocimientos.

Capítulo 3. Cómo Determinar Qué es Importante

Un lector, debería tener un ojo agudo para determinar la esencia, el tópico, y la idea principal del capítulo particular de un libro, los resultados del artículo de un diario, un simple párrafo, un pequeño corto de noticias, o una oración simple.

Desde allí, puedes extraer fácilmente cosas importantes como una evaluación, una conclusión o una interpretación crítica. Esto aumentará tu entendimiento general de un determinado tópico o del artículo completo, en general.

Antes de proceder a la siguiente parte de la discusión, anota que "tópico" se refiere a mensajes escritos, temas, o una guía para escribir el tópico que representa.

Por otra parte, la idea principal se refiere al concepto clave del material. Por último, los detalles son las ideas segundarias pueden ser mayores o menores y se proporcionan para complementar la idea principal. Tales detalles son esenciales.

Como lector, necesitas aprender a señalar la idea principal y los detalles. Estos son los elementos principales de cualquier material de lectura.

¿Cómo puede un lector determinar los puntos importantes?

Primero, necesita identificar las ideas y los temas claves. Adicionalmente, necesita ser capaz de distinguir entre información y detalles que son importantes de los que no lo son. Esto se puede hacer relacionando los detalles o los puntos de información de los temas, idea principal, o escritos. El nivel de importancia de cualquier información puede ser determinada mirando el cómo está en la oración o en el párrafo, o en el texto en general.

¿Cómo puede el lector determinar si cierta información en el texto es relevante o irrelevante?

Primero, los lectores necesitan recordar que los detalles varían en términos de importancia. Por eso, deben ser procesados con variados niveles de comprensión. Un lector exitoso puede distinguir cuáles detalles son importantes y cuáles no lo son.

Además, un lector siempre encuentra el propósito de la lectura en el contexto. Esto, definitivamente ayuda a evaluar la importancia de los detalles. Nota que, aunque el autor pueda tener una intención original en cuanto a detalles se refiere, hay una gran posibilidad que el lector haga su propia interpretación del texto. Sin embargo, el entendimiento de los detalles, pueden desviarse de la alineación de las intenciones del autor.

Capítulo 4. Cómo la Lectura Rápida está Relacionada con la Comprensión

Sabías qué, ¿la lectura rápida solo puede ser exitosa si tienes una buena comprensión? Este tipo de lectura no trata solamente acerca de la rapidez, también tiene que ver con el entendimiento del material. Los expertos dicen que no hay atajos para dominar la lectura rápida. Después de todo, no es fácil dominar la lectura de mil doscientas palabras en un lapso de sesenta segundos.

En promedio, una persona normal puede leer hasta cuatrocientas palabras en sesenta segundos. Si eres un lector rápido, entrarás en el rango de: mil a mil setecientas palabras por minuto. Para dominar la lectura rápida sin comprometer la comprensión quizá quieras seguir estos consejos:

Consejo de Lectura Rápida y Comprensión #1: Clasifica el material de lectura de acuerdo a su importancia y prioridad

Usualmente, hay tres tipos de material de

lectura: muy importante, importante y no tan importante. Clasifica de acuerdo al material que tengas. Después de acomodarlo, puedes proceder a la lectura. De esta manera, tu nivel de comprensión mejorará notablemente debido a que encontrarás el material más importante primero.

Consejo de Lectura Rápida y Comprensión #2: Hojea un poco

El hojear primero el material te permitirá señalar las ideas principales y los puntos importantes. Además, puede señalar la orientación de tu lectura. Tener una visión general te ayudará a convertirte en un lector más eficaz.

Consejo de Lectura Rápida y Comprensión #3: Lee en un ambiente que se preste a ello

A parte de elegir un rincón tranquilo, asegúrate de mantener la postura adecuada cada vez que leas. Recuerda, lo ideal es leer utilizando un estante para libros. El ángulo del material de lectura debe ser de 45 grados respecto a tus ojos. De esta manera, puedes estar seguro de que tu velocidad de lectura será óptima, sin mencionar el hecho de que la fatiga ocular se reduce significativamente. Además, debes evaluar si estás leyendo cierto tipo de material en el lugar adecuado. Por ejemplo, las novelas de recreación y ocio se pueden leer en la cama, pero puede que no sea una buena idea traer volúmenes de la enciclopedia al mismo lugar. Las lecturas difíciles se deben hacer en otro lugar (en la biblioteca, por ejemplo).

Consejo de Lectura Rápida y Comprensión #4: Toma notas

Si eres capaz de tomar notas adecuadamente, la velocidad de la lectura mejorará increíblemente. Estas notas pueden contener preguntas o puntos importantes. Con el tiempo, puedes elegir revisar esas notas y abordar las preguntas que has escrito.

Consejo de Lectura Rápida y Comprensión #5: Lee a un ritmo en el que te

sientas cómodo

Para diferentes materiales de lectura, hay diferentes ritmos de lectura. Por ejemplo, las lecturas difíciles podrían tomar más tiempo de leer, analizar y procesar que los materiales de lectura ligera.

Capítulo 5- Consejos para Analizar Párrafos

Las tareas, especialmente de los estudiantes universitarios, a menudo requieren un gran análisis. Cuando te piden que analices, se espera que hagas una inferencia o una interpretación. Por lo tanto, si desea analizar párrafos, debes comprender que hay una necesidad de pensamiento crítico. El pensamiento crítico es una habilidad esencial, que puede utilizar en muchos aspectos de su vida. En este capítulo, se te darán consejos sobre cómo analizar párrafos.

Hacer una Evaluación

Cuando te piden que realices una evaluación, debes decidir si algo es bueno o malo, digno o indigno, exacto o inexacto, correcto o incorrecto, entre otros. Por ejemplo, si viste una película y te pidenevaluarla, entonces debesdeterminar si vale la pena mirar esa película o no. Cuando te piden que evalúes un material de lectura, debes juzgar sus elementos. ¿Estaba bien escrito en términos de gramática y mecánica? ¿Cuál es tu opinión acerca de su valor general como pieza escrita? Estas son algunas de las preguntas que tal vez quieras responder al realizar una evaluación.

Creando una Inferencia

Cuando se te pide que hagas una inferencia, significa que debes analizar la situación y dar el significado de algo que no se ha expresado de manera explícita en el texto. Este es otro modo de análisis, uno tiene que pensar mucho para realizarlo con éxito. Generalmente, "hacer una inferencia" es sinónimo de "leer entre y más allá de las líneas".

Interpretar lo que estás leyendo

Si te piden interpretar cualquier cosa que leas, tienes que decir el significado de ese material con tus propias palabras. Normalmente, la interpretación de un material largo consiste solo de algunas oraciones. Simplemente tienes que expresar el mensaje del material que te asignaron. Las interpretaciones son personales así que es sencillo justificar dichas interpretaciones.

Capítulo 6- La Importancia de Incrementar tu Vocabulario

Una persona lee para incrementar su vocabulario. ¿Sabías que hay personas que están haciendo todo su esfuerzo para ser mejores lectores al tener un mejor vocabulario?

Si le hicieras a diez de tus amigos esta pregunta, quizá solo unos pocos te responderían con una sonrisa: "¿Estás, en verdad, satisfecho con tu vocabulario?" Intenta hacerte la misma pregunta. Ahora, ¿no te sientes mal con tu respuesta?

Tener un vocabulario amplio tiene muchas ventajas. Llegados a este punto, déjame señalarte los diferentes beneficios de tener un buen vocabulario. Primero, te permite comunicarte correctamente y ser un emisor efectivo de información. Además, un buen vocabulario ayuda a mejorar tu confianza y autoestima. Otras personas intentan estudiar más palabras para sonar más sofisticados y educados. Las personas que tienen un mejor vocabulario, estadísticamente, tienen mejores ofertas de trabajo. Finalmente, un mejor vocabulario hace que tengas una mejor percepción de las personas.

Un vocabulario limitado podría hacer pensar a las demás personas que no eres educado. Por supuesto, esa tipo de percepción tiene sus desventajas y eso es justamente lo que intentamos evitar. A parte de eso, en el contexto de la lectura, encontrarás más fácil entender cualquier discusión, sin importar el material de lectura. Te sentirás más inteligente y confiado con un vocabulario amplio. Tu dominio del conocimiento tiene realmente un efecto en qué tan buen lector eres.

Recuerda, por favor, que no siempre tendrás acceso a un diccionario cuando estés leyendo un libro o cualquier otro material. Intenta enriquecer tu vocabulario para evitar la necesidad constante de un diccionario o de un intérprete.

Capítulo 7- Técnicas de Visión Adecuada y Movimiento Ocular

Las técnicas adecuadas, en términos de la visión y el dominio del movimiento adecuado de los ojos en la lectura, también son componentes de un paso esencial para lograr ese hábito de lectura. El movimiento de los ojos tiene una gran influencia en el procesamiento visual del cerebro en el texto que se lee. Según los investigadores los ojos, durante el proceso de lectura, no hacen movimientos continuos a través de las líneas. En su lugar, realizan una gran cantidad de movimientos laterales rápidos y cortos, que se cortan por medio de fijaciones o paradas cortas en el medio.

Podrías pensar que no es importante saber acerca de esto porque es un proceso natural, por el contrario, el conocer acerca de los movimientos oculares te ayudará todavía más en la velocidad de tu lectura, lo que optimizará tu nivel de comprensión. Adicionalmente, si alguna vez tienes dificultades con la lectura, este aspecto podría explorarse para descubrir si hay alguna anomalía o irregularidad en cuanto a cómo se mueven tus ojos mientras lee.

Hoy en día, es muy fácil hacer seguimiento de los ojos mientras se lee. Con el uso de la tecnología, que es más asistida por las máquinas y las computadoras, los movimientos de los ojos de una persona se pueden rastrear fácilmente. Las computadoras ahora pueden grabar cualquier cosa de manera eficiente y eso incluye movimientos de los ojos. A partir de los hallazgos, los movimientos de los ojos se pueden rastrear y comprender mejor.

¿Qué son exactamente las sacadas? Estrictamente hablando, las sacadas se pueden definir como el movimiento de los ojos en forma horizontal. Por lo general, la dirección tomada por las sacadas es de izquierda a derecha. Los lectores que tienen una habilidad superior pueden mover sus ojos a un ritmo muy rápido. Los ojos suelen detenerse para procesar la información adquirida. Por lo general, el período de fijación dura solo una fracción muy pequeña de un segundo, después de lo cual, el lector realiza otra. Esta, generalmente, cubre un movimiento corto y rápido dentro de un lapso de un promedio de siete a nueve caracteres.

La velocidad de lectura generalmente varía debido a la diferencia en el tiempo dedicado por un lector a sus sacadas y fijaciones. Por lo general, a los lectores lentos les resulta difícil hacer una transición de una fijación a una nueva sacada. Para otros lectores lentos, el problema radica en la regresión.

Al final, cualquier lector debe comprender que el movimiento de los ojos y la velocidad a la que un lector puede hacer eso, tiene una gran influencia en el procesamiento intelectual y cognitivo de la información adquirida.

Capítulo 8- Estrategias para Mejorar tu Comprensión Lectora

Se puede mejorar el nivel de comprensión lectora. Es posible si conoces las estrategias y si las aplicas en cualquier situación de lectura. Aquí hay algunas técnicas que fueron probadas por expertos:

(*) *Intenta leer lo más importante junto al levantarte.* Los estudios muestran que, cuando te despiertas en la mañana, el cerebro está descansado y puede captar cualquier información que se le presente. Por lo tanto, es el mejor tiempo para leer.

(*) *Lee en intervalos cortos, sólidos e ininterrumpidos.* Por ejemplo, intenta leer de un cuarto a una hora seguida. Después, descansa por un minuto o dos y retoma la lectura nuevamente. De esa manera, puedes asegurarte que estás enfocado, y al mismo tiempo, lo haces con la calidad de tu lectura.

(*) *Como se dijo anteriormente, el lugar importa.* Evita, tanto como sea posible, lugares que sean frecuentados por muchas personas. Intenta encontrar un lugar donde nadie te moleste. En resumen, debes encontrar un lugar que te conduzca a la lectura.

(*) *De vez en cuando, hazte preguntas de autocontrol para monitorear tu nivel de comprensión.* Pregúntate: "¿Qué información y conocimiento he adquirido hasta ahora?"

(*) *Anota el material de lectura.* Resaltando las partes importantes, encerrando en círculos puntos importantes, o subrayando el nombre de las personas, incluso escribiendo notas en el margen, puedes asegurarte que tu nivel de entendimiento de la lectura está mejorando.

(*) **Comienza hojeando antes de realizar una lectura focalizada.** Esto te ayudará a estar mejor orientado en el tópico.

Hay dos métodos recomendados por expertos en lectura del desarrollo para que puedas convertirte en un lector activo de pleno derecho:

Método de Lectura Activa #1: El método Cornell

El método Cornell, popularmente conocido como el método SQ3R, significa Encuesta, Pregunta, Leer, Revisar y Recitar. Cada una de estas palabras se explica por sí misma. Al seguir estos pasos, te convertirás en un mejor lector, conocido por obtener una comprensión profunda de los materiales que estás leyendo.

Método de Lectura Activa #2: Crea tus preguntas

En un pedazo de papel, crea dos columnas. En la primera irán las preguntas que tú formulaste, en la segunda columna irán las respuestas. El crear preguntas te dará un empuje adicional para explorar y entender el material de lectura que te fue asignado.

Actualmente, hay muchos otros métodos, pero estos son lo más prácticos y efectivos que han sido probados para ayudar a mejorar los niveles de comprensión.

Capítulo 9- Trucos y Consejos para la Lectura Rápida

El último capítulo está dedicado a los trucos y consejos para mejorar tus habilidades en la lectura rápida. Todo comienza con la práctica, pero hay varias áreas en la que debes enfocarte y esas serán discutidas en este capítulo.

Consejo para la Lectura Rápida #1: Nunca repitas

Por todos los medios, avanza y sigue avanzando. Repetir no hace más que frenarte. Si deseas leer rápido, solo léelo una vez y nunca intentes leerlo de nuevo en tu cabeza porque te ralentizará significativamente. Además, trata de leer utilizando los ojos y no la boca. Dicha redundancia hará que tu velocidad y eficiencia sufran.

Consejo para la Lectura Rápida #2: Utiliza tus dedos como guía de tus ojos para la leer

La razón es que tu dedo puede ayudar guiando a tus ojos a través de un camino predeterminado. El dedo puede establecer el ritmo y puede ayudarte a comprender mejor lo que estás leyendo en ese momento.

Consejo para la Lectura Rápida #3: Concéntrate y nunca pierdas el foco

El punto aquí es simple, pero importante para ser incluido en la lista. La lectura rápida será una tarea si no te concentras. Si pierdes la concentración constantemente, te encontrarás repetidas veces en medio de la confusión.

Consejo para la Lectura Rápida#4: Sigue todo el tiempo la "Regla de la Tercera Palabra"

Esta regla es simple: comienza leyendo la tercera palabra de la línea y terminar en la tercera a la última palabra de la línea. Una vez que sigas esto, te darás cuenta que puedes entender lo que estás leyendo aunque no leas la línea completa. ¿Cómo es posible? Simple, Estás maximizando tu vista periférica.

Consejo para la Lectura Rápida #5: Lee

frases y líneas, no palabras individuales

No tiene sentido sostener el libro tan cerca de tu cara. La distancia mínima debería ser de, al menos, 60 centímetros de distancia de tu cara. Al hacerlo, serás capaz de leer tres palabras al mismo tiempo.

Consejo para la Lectura Rápida #6: Nunca te devuelvas.

Confía en que has obtenido suficiente información. Nunca intentes devolverte y leer lo que ha leíste. El cerebro llena los espacios vacios en caso que hayas obviado algo.

Consejo para la Lectura Rápida #7: Gana impulso comenzando a máxima velocidad

Según muestran los estudios, si comienzas tu lectura a un ritmo muy rápido, la comprensión será más fácil. Comenzarás a sentirte cómodo con la velocidad y con el tiempo, seguirás mejorando.

Ten en cuenta que la lectura rápida no

puede dominarse de la noche a la mañana. Tienes que dedicar tiempo a practicar y afinar tu interés por la lectura. La práctica y la aplicación constantes son la clave, así que ni siquiera intentes pasar días sin leer. Con la práctica constante y la exposición, la dominarás.

Conclusión

Nuevamente, ¡gracias por comprar este libro de técnicas de comprensión lectora y lectura rápida!

Estoy emocionado de transmitirte esta información, y estoy muy feliz de que, ahora has leído, puedas implementar estas estrategias en el futuro.

Espero que este libro pueda ayudarte a comprender el concepto detrás del éxito de la comprensión lectora y cómo mejorar aún más sus habilidades de lectura rápida.

El siguiente paso es comenzar a usar esta información y, con suerte, vivir una vida productiva y agradable, que esté lista para asumir el desafío de ampliar tu base de conocimientos a través de la lectura.

¡No seas alguien que solo lea esta información y no la aplique, las estrategias en este libro solo te beneficiarán si las utilizas!

Si conoces a alguien más que pueda beneficiarse de la información presentada aquí, infórmales de este libro.

¡Gracias y buena suerte!

Parte 2

Introducción

Se necesitaría un villano real para argumentar que la súpervelocidad es algomenos que un súperpoderlegítimo. Desafortunadamente, no vivimosen el universo Marvel, por lo que los superpoderes no son fáciles de conseguir. Ennuestrarealidad, cualquiercambio que experimentedespués de ser golpeado por un rayo o salpicado con productosquímicosradiactivos, probablemente no serápositivo ...

¡Pero no tepreocupes!
No es que estéscondenado a la mediocridad; Todavíatienes el poder de ser sobrehumano, ¡perotendrás que trabajar para lograrlo! ¡Este libro le proporcionará el relámpagofigurativo que lo capacitará con la súperlectura! Solo tienes que hacer que tegolpee!

Es obvio que tienes la capacidad de leer, ya que tienes un dispositivocargado con un librosobrelecturarápida. Es muy probable que túhayasdesarrolladotucapacidad de lectura a una edadmuytemprana, y la hayasmejoradodurantetutiempoen la escuelaprimaria, luegosimplemente lo dejaste .

Puedes leer lo suficientemente bien, ¿verdad?

Estoyseguro de que no hacesmatemáticas de la mismamanera que lo hicisteen la escuelaprimaria; ¿Por quéestásleyendoigual que los estudiantes de la escuelaprimaria? ¡Leer a una velocidadpromedio (o inferior) no va a ser un problemanuncamás! Enestecurso, teenseñarécómoobtenerinformación a proporciones que teharánmerecedor de tupropiocómic.

Aprenderáscómoutilizarmejor la atencióncentrada de tuladoizquierdodel cerebro junto con la atenciónperiférica de tuladoderecho del cerebro, y cómopuedeshacer que trabajenjuntosen perfecta armonía. La comunicaciónadecuada entre todos los sectores de sucerebro es imprescindible para poderpensarcreativamente, tambiéncrea un "equilibrio" que puedeayudar a brindarle una sensación general de bienestar.

Este no es un libro de habilidadesmentales de autoayuda de la nueva era; El propósito de estecurso es enseñarte a leer a un ritmomuchomásrápido, y además, ¡tambiénaprenderás a recordarmás de lo que has leído! ¡Las ventajas de estodeberían ser suficientes para entusiasmarte con lo que se encuentraen los próximoscapítulos!

* La serie "¡Conviérteteen un superhombre!" Ofrecevarioslibros de habilidadesmentales de autoayuda para la nueva era, sieso es lo tuyo.

¡No se trata solo de leer másrápido!
Mientrasleemos, la mayoría de nosotrostendemos a decir las palabras ennuestras cabezas. Esto se denominasubvocalización, le impidepoder leer muyrápido y es completamenteinnecesario.

Teenseñarécómotener un discursointerno que tengamás que ver con la conciencia del pensamiento. No estávinculado a la boca, la lengua o las cuerdasvocales, lo que lo hacemuchomásrápido y fluido. ¡El acto de eliminar la necesidad de identificar la vocalizaciónen la corriente de pensamientos le brindaotranuevahabilidad! Tener la capacidad de pensar y ser consciente sin la necesidad de un flujoconstante de palabras,abretumente a un nuevo dominio de intuición y conciencia. Incluso es posible que tequedes con una idea aúnmejor de quiéneres.

La lectura de velocidad es la concentración!

Toda lecturarequiereconcentración. Inclusosólo leer una novelarománticabarata de vampiros, mientrasdescansa al sol en el patio de sufortaleza de soledad, requiere una cantidadsustancial de concentración. Aunque solo sea por un momento, tienes que ignorar el calor de la luz del sol entu rostro, por másatractivo que se sienta ... la mosca que siente la necesidad de seguiraterrizandoentu mano, tanto comotemolesta ... Necesitasbarrerestasdistracciones y concentrarte el tiemposuficiente, para averiguarsi el antagonistalograrárobarle el amor a la vida de los héroes, o de lo que tratenesoslibros.

La lecturaveloz es un pocomáscomplicada. Para acelerar la lectura, se le pedirá que mantenga una concentraciónsostenida y enérgicaporquecuandoacelera la lectura, hacemuchascosas a la vez. A medida que ve y lee las palabras en una página, tambiénpermanecealerta a las ideas principales que el autordeseapresentar. Debe pensar junto con el autor y detectarcómopresentan el material para podercaptarcorrectamente las ideas principales. A medida que lea, tendrá que leer con másperspectiva y separar los detalles del relleno. Tienes que saber cuándodeslizarte, cuándoacelerar el ritmo

y cuándoreducir la velocidad para obtener la esencia de esto. La lecturaveloz no es para perezosos, ya que requiere que lea con mayor vigor.
¡Lee con hambre, absorbiendoagresivamente la informaciónmientras lees!

Suenabastanteglorioso y emocionante, ¿verdad? Bueno, vamosaempezar!

Nota: Recomiendousarlibrosfísicosreales (espero que aúntengasalgunos ...) para realizar los ejercicios que encontrarásen los próximoscapítulos, de esa forma puedestenerestelibroabiertoentu lector para una referenciarápida.
¿Qué es la lectura?
Quérayos es leer !!!

Si tuviéramos que definir el acto de leer ensugradomásbásico, simplemente lo llamaríamosproceso de comunicación. Como todos los procesos de comunicación, requierealgunashabilidadesbásicas, habilidades que la mayoría de las personas aprendenmuyjóvenes, y (comomencionéen la introducción) nunca se basanenellas. Ser capaz de leer con la mayor eficaciaposiblerequiere una secuencialógica de pensamiento y patrones de pensamiento. Para establecerestospatrones de pensamientoentumente, obviamentenecesitarás saber cuáles son.

Se requieren 7 procesosbásicos para poder leer.

Reconocimiento: la capacidad de entendercorrectamente el idioma que estáleyendo.

El lenguaje universal.

Asimilación: el procesofísico de percibir, escanear y absorber el texto.
Prepararse para la asimilación
Intraintegración: ser capaz de entender el

material de lectura, sin la necesidad de experiencia previa en el tema.

Extra-Integración: Análisis, apreciación, selección y rechazo. Usando sus experienciaspasadas para formarse una opinión del material de lectura.

Retención: La capacidad de retener la información que se absorbe.

Recordar: La capacidad de recordardichainformación.

Comunicación: la aplicación del material de lectura, o ponerenpráctica lo que has aprendido. Para facilitar la interpretación, dividamosestoencuatrosubcategorías.

• Escrito

•Hablado

• Comunicación no verbal: el acto de comunicarse a través de palabras no verbales / escritas, comodibujar o manipularobjetos.

• Pensar - comunicarse con unomismo.

Debido a los maloshábitos que nosenseñanen la escuela, la mayoría de las personas se hanestablecido a una tasa de lecturapromedio de 250-300 palabras por minuto (WPM). La mayoría de las personas puedenpensar sin esfuerzo a velocidadessuperiores a 500 palabras por minuto, lo que significa que sumenteestáfuncionando al doble de la velocidad de sus ojos, ¡tantaenergíadesperdiciada! La consecuencia de que tumente se ejecute dos vecesmásrápido que tusojos es que hace que seamásfácilcaeren el aburrimiento, la fantasía o enojarse por el momentoen que un niñorobótuheladoen el tercergrado. Este aburrimiento es con frecuencia la distracción que obliga a releer, y comoresultado, la información es muchomásdifícil de absorber y retener.

El problemamencionadoanteriormente (el desajuste entre el pensamiento y la velocidad de lectura) surge de los métodosinadecuados con los que nosenseñaronen la escuela. La mayoría de las escuelasusaránuno de dos métodos; El métodoVer-pronunciar o el métodoFonico.

Ambos métodos son defectuosos y solo

semi-efectivos. En el métodofónico, a un estudiante se le enseña primero el alfabeto, luego los diferentessonidos de cadaletra, la combinación de esossonidos y luegocómocombinaresossonidos para formar palabras. Este método es el másefectivocuando se les enseña a los estudiantes que tienen un cerebrodominante.

Para los estudiantes con ellado derechodel cerebrodominante, el métodoMirar-pronunciares muchomásefectivo. El métodoMirar-pronunciarenseña al alumno a leer presentándolestarjetas con imágenes de objetos / animales / lugares / etc. con los nombrescorrespondientesimpresosen la tarjeta. Finalmente, se construye un vocabulariobásico, muyparecido a cómo se aprende a leer un alfabetobasadoensímbolos, como el coreano. Una vez que el alumnohayaadquirido un vocabulariosuficiente, progresará a través de una serie de libroscalificadossimilares a los utilizados para el aprendizaje de los alumnosmediante el métodofonico; Enpocotiempo, el estudiante, con suerte, aprenderá a convertirseen un lector silencioso.

Tu deliciosocerebrotiene la mismaconsistencia que el tofu.

Enninguno de los métodosanteriores se enseña a las personas a leer rápidamente, y con la máximacomprensión y memoria. Los lectoresefectivosgeneralmentehabránaprendido a leer correctamente por símismos, másadelanteen la vida.
Ni los métodosVer-pronunciarniel fonico son adecuados para enseñar a una persona a leer de la maneramásefectivaposible, sin importarsi se usan solos o juntos. Ambos métodosestándiseñados para cubrir la primeraetapa de la lectura, la etapa de reconocimiento, con muypocosintentos de enseñar la absorción o integraciónefectiva. Por lo general, los niñosrecibenmuypocaorientaciónsobrecó

mocomprender e integrarcorrectamentesu material de lectura, y muchomenoscómoasegurarse de que serárecordado. Ennuestroviaje a través de nuestrosistemaeducativoterriblementeinadecuado, nunca se nosenseñarealmenteningunatécnicaavanzada de lectura que nosayude con los problemas de velocidad, recuperación, selección, rechazo, concentración o toma de notas.

Enresumen, la mayoría de sus problemas de lectura no se tratandurantesueducación.

Ha tomado la decisióncorrecta al elegir un librosobrecómomejorarsucapacidad de lectura. Al utilizar las técnicas que revisaremosenestelibro, superará las limitaciones de sueducacióninicial y podráesperar que sucapacidad de lecturamejore a través de montones de sabrosasbondades de lectura. Las técnicascubiertasenestelibroreducirán el tiempo para cadafijación (la asimilación de un grupo de palabras simultáneamente) a menos de un cuarto de segundo, y el tamaño de la fijación se puedeaumentar de una o dos palabras cortas a un máximo de cinco. palabras, o media linea. Tus ojosestaránhaciendomuchomenostrabajofísico; Enlugar de tener hasta 500 fijaciones bien enfocadas por página, estaráhaciendoaproximadamente 100, cada una de las cuales es menosfatigosa, ¡y la lectura de material ligeropuedesuperarfácilmente las 1000 palabras por minuto!

¡No se preocupesialgo de esto no tienemuchosentidotodavía, todo se reuniráen los próximoscapítulos!

Tus ojosya son asombrosos

¿¡Qué!? ¿Mis ojos te sorprenden?
Antes de que puedascomprenderrealmentecómofunciona la lectura y cómopuedemejorarse (lo

hablaremos pronto, lo prometo); Me gustaríaenseñarte un pocosobrecómofuncionantusojos.

Super Laser Monkey nunca ha apreciadosuincreíblevisiónláser

La luz que penetraen el ojo es enfocada por la lentehacia la retina, que recubre el interior de suojo. La retina consta de millones y millones de célulasdiminutas que responden a la luz; estascélulas se denominancomúnmente "bastones y conos". Todas las célulastienen un propósitoespecífico; Los conos le permiten a suojodiferenciar entre coloresespecíficos, mientras que las barrasresponden a la intensidad de la luz general. Estascélulasestánconectadas con una red de nervios que se extiendensobre la retina y transmiteninformación a la corteza visual.

Sigueadelante y aprieta un pocotuglobo ocular,
¡Solo para mostrarcuántoamastuvisión!

El centro de la retina se llama fóvea, es un áreapequeñaen la que las células se empaquetanmuyapretadas; Como resultado de que las células son tan abundantesenestaárea, la percepción de las imágenes que caensobre la fóvea es muchomásnítida y detallada que encualquierotrolugar de la retina. Cuandoenfocamosnuestraatenciónenalgo, se enfocaen la fóvea; esto es a lo que me referíanteriormentecomo una "fijación". Cuandoestásleyendotusojos, no se muevensobre la impresión de una manerafluida; si lo hicieran, usted no podríaver nada, el ojosólopuedeverclaramentealgo que puedamantenerquieto. Si un objetoestáquieto, entonces el ojotambién debe estarquieto para poderverloclaramente y si un objeto se estámoviendo, el ojo debe moverse junto con él. Pienseenesperar un trenen un cruce de ferrocarril; Si quieresver lo que dice un vagón individual, debes mover los ojos junto con el vagón, perosisimplementemirashaciadelante, el tren se desvaneceráen una largarachamarrón. Cuandoestásleyendo una línea de texto, tusojos se muevenen una serie de saltosrápidos e intervalosfijos. Los saltossuceden tan rápido que realmente no tomacasi nada de tiempo, pero las fijaciones (aintervalosfijos) puedendurar de un cuarto a un segundo y medio.

Tus ojosconsumen breves ráfagas de información. Entre estosestallidos no estántomandoningúntipo de estímulo, simplemente se estánmoviendo de un punto aotro. Estossaltos no se notanporquenuestrocerebroguarda la información de una fijación a la siguiente y la integra para que podamospercibir el mundo que nosrodea de manerafluida. Nuestrosojosraravezpermaneceninmóviles por más de una fracción de segundo. Inclusosisientes que mantienestusojoscompletamentequietos, de hechoestánrealizando una serie de pequeñosmovimientosindescifrablesalrededor de ese punto.
Como sitequedarasmirandoestecorazón, ypensandoencuantoteamo

Si tusojos no estuvieranhaciendoestosmovimientoscons tantes (haciendonuevasfijaciones); La imagen se desvanecería y desapareceríarápidamente. Un ojo no entrenadotardaráaproximadamente un cuarto de segundo por fijación, por lo que el númeromáximo de fijaciones por segundo se limita a solo 4. Un lector promediotardaráaproximadamente de dos a tres palabras por fijación, lo que significa que tomará un promedio de aproximadamente 3-6 fijaciones para leer una línea de textopromedio. La longitud de las paradas y el número de palabras tomadas por fijaciónvariaránenormementedependiendo de la dificultad del material que se estéleyendo y el nivel de habilidad de lectura del individuo.

La percepciónmásnítidaocurreen la fóvea, sin embargo, las cosas que estándescentradas se seguiránviendo, aunque no tan claras; Esto se conocecomovisiónperiférica. La visiónperiféricarealiza una función invaluable mientrasestáleyendo. Las palabras que están al lado de su punto de fijación actual son captadas por suvisiónperiférica y transmitidas a sucerebro. Con el uso de estavisiónligeramenteborrosa de lo que está por venir, el cerebro es capaz de instruir a los ojossobredónde pasar al siguiente. Con la ayuda de suvisiónperiférica, el ojo no se moverá junto con sus saltosineficientesregulares, y saltará palabras redundantes, mientras se enfocaen las palabras mássignificativas del texto.

Sumemoriainmediata se correlacionadirectamente con la cantidad de "bloques" de información que se reciben. Cuandoleemos, podemos absorber con éxitoalrededor de 5 bloques de información a la vez. Un bloquepuede ser una sola letra, una sílaba, una palabra, o incluso una frasecompleta; Cuantomásfácil sea comprender el material, másgrandesserán los bloques que podrás absorber.

Con un lector experto, los puntos de fijacióntenderán a concentrarsehacia la mitad de la impresión. Cuando sus ojos se mueven a una nuevalínea, no comenzarándesde el principio, sino que los entrenarán para comenzar una o dos palabras desde el borde. El cerebro es muybueno para descubrirqué es lo que viene con lo que ha leídoen las líneasanteriores, y solo tendrá que confirmar con la visiónperiférica que las primeraspalabras son lo que anticipó. Como tal, el ojogeneralmenteterminarásuúltimafijación una o dos palabras antes del final de cualquierlínea, utilizando la visiónperiférica para confirmar que las palabras son como se esperaba.

El ritmo y el flujo de un lector experto los llevaránfácilmente a través del significado, mientras que un lector no expertotendrámuchasmásprobabilidades de aburrirse y perder el significado de lo que estáleyendo. Un lector no cualificado, que necesitahacer una pausaen la mayoría de las palabras y volver a leer la misma palabra variasveces, le resultaráextremadamentedifícil de entender y retenertodo lo que estáleyendo. Cuandohanleído un párrafocompleto, ha pasado tanto tiempo que hanperdidototalmente el concepto de lo que el escritorestabatratando de retratar. Durante el proceso de re-lectura, la capacidad del lector no cualificado para recordar se desvanece, y comenzarán a perderconfianzaensucapacidad para retener la informaciónenabsoluto.

Muchagentesiente que no estáreteniendoinformacióndebido a la falta de inteligencia, donde la verdaderarazón es que no se les enseñócorrectamente a leer. Cuantomás lea una persona, másdifícilserárecordar la información.

Pierdenconfianzaensumemoria y llegan a la conclusión de que no entienden lo que estánleyendo.

Tu capacidad de lectura pronto-a-ser-súper

Es un error comúnpensar que los humanos

no usan el 100% de sus cerebros; Usamos el 100%, pero no al mismotiempo. Pienseenllocomo un semáforo, un semáforousa el 100% de símismo, aunque sea 33.3333 ...% a la vez.

¡Toda la malditacosa!

Sin embargo, lo que sí es cierto es que solo usamosalrededor del 4-10% de nuestrashabilidadesmentales para aprender, pensar y actuar.

Convertirseen un lector competente es una manerafantástica para que un usuariodesbloquee una porciónmucho mayor de sucapacidad mental, que actualmenteestáperdiendoencosasineficientes. No dejarías que tu auto se fuera por años sin una afinaciónsi solo funcionara a un 4-10% de supotencial, sería una locura, ¿por quéte lo estáshaciendo a timismo? Cuandoestásleyendo a una velocidadrápida, teestásconcentrandomás y cuandoalcanzas un nivel de lectura de más de 500 palabras por minuto, con la máximacomprensión, tambiénestásacelerandotu forma de pensar y las nuevasprofundidades de tucerebro se volveránaccesibles. No solo acelera la lectura de sucapacidad para retenerinformación, sino que tambiénpuedereducir la fatiga. La lecturamásrápidamejora la comprensión, porque el nivel de concentración del lector es más alto y hay menosmotivos para que el lector desarrolle las tensionesfísicas que surgen al mirar el textodurante un largo período de tiempo, como dolor de espalda, dolor de cabeza y fatiga visual.

Todostienen una velocidad de lecturaóptima para una máximacomprensión, es directamenteproporcional a suvelocidadmáxima. Suvelocidad de lecturaóptimavariarásegún el material que se estéleyendo, por lo que es imperativoencontrar la mejortasa para el material que estáleyendo a fin de lograr una buenacomprensión de la información.

PRUEBE SU VELOCIDAD DE LECTURA

Coge un libro que puedas leer fácilmente.

Use un temporizador (solo "temporizador" de Google o revise su tienda de aplicacionessisuteléfono no tieneuno, tendrá una excelenteselección para usar gratis) y el tiempo que le tomará leer 5 páginas. Una vez que hayaterminado de leer las cincopáginas y tengatiempo, puedecalcularsuvelocidad de lectura con la siguientefórmula.
¡No mire surelojni mire mientrashace los ejercicios! Configura el temporizador y olvídalo hasta que llegues la alarma.

(Número de páginasleídas) Multiplicado por (Número de palabras promedio por página) Dividido por (Número de minutos para leer) = W.P.M.

El promedio de palabras por páginaen una novelapromedio es entre 250 y 300, así que vamos con 280 palabras y digamos que le tomó 5,12 minutos leer 5 páginas. Suecuaciónsería 5 x 280 ÷ 5.12 = 273.44WPM. Estatasa lo ubicaríaen la velocidad de lecturapromedio para los estadounidenses.

¡Hágaloahora antes de saber cómo leer rápidamente y luego, se sorprenderá de lo lejos que ha llegado!

"IZQUIERDA VS DERECHA" *¿De quéladoestás?*

Una vezhubo un estudiorealizadoen América del Norte para determinar la diferencia entre los pensadores delladoizquierdo delcerebro y los pensadores delladoderecho del cerebro. Se construyó un aparato especial; esteaparatoconsistíaen una pantalla que presentaba material de lectura, acompañada de un cursor para moverse junto con el texto al que se le pedía al sujeto que dirigierasuenfoque. Los movimientos de los ojos del sujetofueronmonitoreados, por lo que el cursor se moveríacuando el sujetomoviera sus ojos. El equipo se podríaconfigurarenuno de dos modos; en el primer modo, el material a la izquierda del cursor se quedaríaenblancoen la pantalla, si el sujetointentara mover su punto de fijación a la derecha del cursor. En el segundo modo, el material a la derecha.

El cursor quedaríaenblancosi el sujetointentara mover su punto de fijación a la izquierda del cursor.

En el primer modo, las palabras a la izquierda del cursor fueronborradas, evitando que el sujetoretroceda o saltehaciaatrás; estoduplicó el patrón habitual de un lector del ladoizquierdodel cerebro, que siempre lee una o más palabras antes de un punto de fijación particular. En el segundo modo, cuando las palabras a la derecha del cursor quedaronenblanco, evitando que el sujeto se anticipara al leer una o dos palabras antes del punto de fijación, estoduplicó el patrón habitual de un lector delladoderechodel cerebroquientiende a re- leer las palabras que conducen a un punto de fijación particular. Este equipofueprobadoen un grupo de 30 sujetos. Cuando el equipo se configuróen el modo de cerebroizquierdo, la velocidad de lecturapromediomáximaobservada del grupofue de 1600 w.p.m. y cuando el equipo se configuróen el modo de cerebro derecho, la velocidad de lecturapromediomáximaobservada del grupofue de 95 WPM, ¡una sorprendentediferencia de 17: 1!

Podríaestarequivocado, perodudo que poseas un artilugiocomo el que se describe en el párrafo anterior; así que simplementerealiza los siguientessuperpasos (¡es divertidodecir que las cosas son súper!) y tedará una indicaciónsuficientesobrequétipo de lector eres.

1) Lee una novelaensilenciomientraspasas el dedo por la línea de impresiónmientras lees.
2) Toma nota de lo lejos que estásleyendo antes de tu punto de fijación (el punto de fijaciónestádeterminado por la posición de sudedo).

3) ¿Encuentras que es difícil leer antes del punto de fijación? ¿Encuentras que teaferras a las dos o tres palabras que acabas de leer?

Pareceobvioahora, ¿verdad?

Si estásleyendo antes del punto de fijación, eres un lector delladoizquierdodel cerebro. Los individuos con cerebroizquierdotienden a ser máslógicos, reales y basados en la realidad.

O

Si la respuesta a 3 es sí, y la atenciónvuelve a las palabras que ya ha leído, entonces es un lector del ladoderechodel cerebro. Las personas con el cerebro derecho suelensentirsemásmotivadas, creativas y basadasen la fantasía.

Esas personas de cerebro derecho ...
Patrones de escaneodesadaptativos

Dado que el hemisferioizquierdo de sucerebro es mejoren las tareasverbales, todo lo que se encuentreen el campo visual derecho tendrásucontenido verbal procesado a un ritmomásrápido que el que se encuentraen el izquierdo. Si una persona estáleyendo de izquierda a derecha, el ladoizquierdo del cerebrotodavíarecibe el material que se estáprocesandoensuvisiónperiférica, que es máscompetenteen el procesamiento verbal. Leyendo de derechaaizquierda, o mirandohaciaatrássobre lo que se ha leído; por lo tanto, seráprocesado por el hemisferio derecho, resultandoenconfusión. Cuando se lee de izquierda a derecha, el material aún por leer se toma con la visiónperiférica y el hemisferioizquierdolingüísticoanalizasucontenido.

¡Eres demasiadobueno para caerenestetipo de optimismo!

La lectura de izquierda a derechaayuda al cerebro a decidirqué punto de fijaciónserámejor y aumenta la eficiencia de la lectura. Los gusanos de libro de nivelsobrehumanocasisiempreusan el campo visual de la mano derecha (conectado al hemisferioizquierdo), mientras que los disléxicosusan el campo visual izquierdo (conectado al hemisferio derecho). Todos los que quieranobtenerhabilidades de lectura a nivelsobrehumanodeberánsuperar los patrones de escaneo no adaptativos. Los patrones de mala adaptaciónincluiránsaltarhaciaatrás, faltarlíneas y leer la mismalínea dos veces. Practicar las técnicas de lecturarápida que se presentanen los siguientescapítulos lo ayudará a corregirestospatrones.

Ejercicios (Los rayos)

El Viejo tío Willy nuncaleyóinmediatamentedespués del accidente.

Si se usacorrectamente, una guía visual puede ser muyútil para ayudarlo a convertirseen un lector máscompetente. No estoysugiriendo que lo uses para siempre, pero lo recomiendo para ayudarteen las etapasiniciales de aprendizaje para acelerar la lectura. No nosanimamos a usarguíasvisualescomoniños, porquesiapuntas a cada palabra individual, definitivamentederribarátu W.P.M. Si enlugar de hacerlo, la guía visual se muevesuavemente a lo largo de una línea de texto, puedeayudaraacelerar la lecturasustancialmente por variasrazones.

- Si entrenasuojo para seguir una guía visual, eliminarácualquierinnecesarioregreso a las líneas
- Acelerar la guía visual teayudará a mover los ojosmásrápido.
- A medida que sus ojos se muevenmásrápido, se les anima a tomarmás palabras con cada punto de fijación.

¡Aquíestamos! ¡Es hora de comenzar las leccionesprácticas para convertirteen el lector súperrápido que mereces ser! He dividido los procedimientosen las siguientes seis secciones:

1. Ejerciciosintroductorios: mejoracómotehablas a timismo.

2. Ejercicios de percepción de velocidad: vuelva a calibrarsuvelocímetrointerno.

3. Técnicas de estimulación y exploración: Mejoresucomprensióninicialmientras lee con velocidad.

4. Técnicas de lecturaenprofundidad: Aumentesucomprensión profunda.

5. Técnicas de lectura visual: para mejorarsucapacidad de retener y recordarinformación.

6. Derrotar la decadencia de los recuerdos:

¡aprovecha la nuevavelocidad de pensamiento que acabas de adquirir!

Estasleccionesfueroncreadas para enseñarle los 3 fundamentos de la lecturaveloz: duplicación, comprensión y memoria.

¡Diviértete con estosejercicios, que los rayostegolpeen no deberían ser del tododesagradable!

El primer Rayo

Introducción a la subvocalización y flujo de pensamiento
Hay dos tiposbásicos de lectura a los que me refeiréen los próximoscapítulos.
1. **El hablarcompulsivamenteenvozalta de las palabras a medida que se leen**.
Estopuede ser a un nivel inaudible y subconsciente, pero no obstante, es la expresión de palabras percibidasenmovimientosequivalentes de la lengua y la laringe, una

representacióncinestésica. A partir de este punto me referiréaesteprocesocomo "subvocalización".

2. Me referiré al segundotipocomo "flujo de pensamiento"; esteprocesoconsisteencomprensión e imágenessolamente, sin expresión vocal o subvocal.

En general, la subvocalización es innecesaria para un lector adulto; exceptoquizáscuando se lee música (encuyocaso el ritmo, la rima y la aliteración son un componenteimportante, por lo que la subvocalizaciónpuedehacer que la lectura de las letrasensilencio sea másplacentera). La subvocalizaciónlimitará la velocidadmáxima de lecturaaaproximadamente 300 w.p.m. (Si puedesrimar a una velocidad de más de 300 w.p.m. puedestener una emocionantecarrera de rap entufuturo ...). Compare eso con un lector capacitado que puede leer a más de 1000 w.p.m. usandopuracorriente de pensamiento;

Mantener un flujo de pensamientoadecuado es esencial para la comprensióncompleta. Aunquepuede ser posible leer material ligerocomo un artículo de una revista sin utilizar un flujo de pensamiento, sucapacidad para retener la información se veráafectada. El flujo de pensamientoapropiado es particularmenteimportantecuando se lee material complejo que no se puedevisualizarfácilmente, asícomocuando se usanoracioneslargas y complicadas. Cuando se lee material complicadomientras se suprimesuflujo de pensamientos, es muydifícilconservar el orden de las palabras y la sintaxis.

Cuando la lectura del material es difícil de visualizar, la sintaxis y el orden de las palabras pueden ser las únicasguías para el significado y la comprensión. Antes de que un estudiantepuedaaprender a dejar de lado la subvocalización sin al mismotiemposuprimir por completo el discursointerno, tiene que aprender a diferenciar entre la subvocalización y la corriente de pensamiento. Este primer pasopuederealizarsemediante el proceso de localización. La mayoría de las personas experimentarán la subvocalización al estarconectada con la boca o la garganta, y también con la respiración. Cuando se le pide que presteatención por completo, una persona tenderá a mirarhaciaabajo. La corriente de pensamiento se experimentarámásen la parte superior de la cabeza, sin conexión a los órganosvocalesni a la respiración; es un tipo de conciencia del pensamiento, basadaen la comprensión de la corriente de palabras que se leen. La diferenciación entre los dos tipos de lectura se puedelograr a través de los siguientespasos:

1) Elija una página de una novelaligera, nada demasiadocomplejo. Se requiere material de fácilcomprensiónporqueinclusocuando los mejoreslectoresleen material que les resultadifícilcomprender, habrá una tendencia a revertirse a la

subvocalización, cuando se presente una frase u oración que contenga palabras desconocidas o extranjeras. Las palabras desconocidas solo puedentenerseencuentateniendomuybuenospoderes de visualizaciónauditiva, o ensayándolas de forma subvocal. Un lector que utiliza el flujo de pensamiento, enlugar de la subvocalización, descubrirá que puededetectar con mayor facilidad las palabras mal entendidas, ya que volverá a la subvocalizaciónmientras se esfuerza por dar un significado a lo que no es familiar. Si se encuentrasubvocalizandorepentinamentecuando de otra forma utilizaríaflujo de pensamiento, esto es un claro indicio de que acaba de pasar una palabra que se malinterpreta, o un grupo de palabrasformando un concepto que no tienesentido. Una vez que se handefinido las palabras mal entendidas, puedevolveraevaluar el concepto de lo que estáleyendo.

2) Cuentaenvozalta de uno a diezrepetidamente, mientras lees la páginaensilencio. Contarenvozaltaocupará el sistema motor-vocal, por lo que sumente no puedesubvocalizar.

3) Cuandopuede leer ensilenciomientrascuentaenvozalta; comience a leer ensilenciousandoflujo de pensamiento, mientras que tambiéncuentaensilencio al mismotiempo que usa la subvocalización. Practicabastante con los Pasos 2 y 3, para que estahabilidad se adquiera por completo y puedasreconocerfácilmente la diferencia entre subvocalización y flujo de pensamiento.

4) Una vez que hayaadquirido la capacidad de leer ensilencio y al mismotiempocontarensilencio, puedecomenzaraaumentarsuvelocidad de lectura. Cuandosuvelocidad de lecturaexceda los 360 w.p.m., los dos tipos de lecturasubjetiva se diferenciaránmás. Mediante el uso de flujo de

pensamientopuede leer muchomásrápido, mientras que la subvocalizaciónestálimitada por la velocidad de surespuestafísica.

5) Ahora que puede leer fácilmenteutilizandoexclusivamenteflujo de pensamiento (¡sin trampas!), Dejandoatráscualquiersubvocalización, es hora de agregarmáscarácter al discursointerno. Asegúrese de que no solo estáleyendo con un flujo de pensamientosilencioso, sino que tambiénestáincluyendo un flujo de visualización. Imagina el diálogo de la novela; Adoptadiferentesvocesentudiscurso interior para adaptarse a los personajes. Estodeberíadiferenciaraúnmássuflujo de pensamientos de la subvocalización, que siempretendería a ser un reflejo de supropiavoz. Visualice los escenarios de la historia, escuche los sonidos del entorno, huela los distintos aromas y sienta las emocionesrepresentadas.

Continúe con los ejerciciosanteriores hasta que tenga una percepción de los dos tipos de lectura (subvocalizada y flujo de pensamiento) y puedacambiarfácilmente entre uno u otro. Este enfoque es mejor que tratar de suprimir la subvocalización por completo. Sin embargo, al suprimir ambos tipos de lecturassubjetivas, unopuedeaprender a deslizartextoenexceso de 2000 w.p.m. a tales velocidades; Habrámuypocaretención de lo que se ha leído. Este tipo de lectura es valiosa solo cuando un lector estábuscandodatosen particular, o cuandounoestáhaciendoestocomo un ejercicio de percepción para mantenersealerta.

El Segundo Rayo

¡Abraza el conocimiento!
Percepción de la velocidad
Leer agresivamente: Parte de ser un lector de velocidad es leer con másintensidad, enfoque y concentración. Estavez, devora las palabras a medida que las lees. Se un lector activo, no pasivo.

Al pasar las páginas lo másrápidoposible e intentarvertantas palabras por páginacomo sea supercepción, estarácondicionado a prácticas de lecturamuchomásrápidas y eficientes. Pienseen lo lento que se sientecuandoestáviajandocuando conduce a una ciudad con un límite de velocidad de 50 km / h después de pasar unaspocas horas yendo por más de 100 en la carretera; Si se rompió el velocímetro, es probable que solo reduzca la velocidad a 70 u 80. La razón de esto es que sus percepciones se hancondicionado a una velocidadmucho mayor, lo que se convierteensu nuevo "normal". Hay un efecto de trinquete por el cualsu "normal" anterior se olvidamás o menoscomoresultado del condicionamientoperceptivo. El mismo principio se aplica a la lectura; después de la práctica de altavelocidad, a menudo se encontraráleyendo dos veces la velocidad, sin siquierasentir la diferencia.

¡Sacatu material de prácticafavorito y sigamos con la lección 2!

RECUERDE: ¡No vocalices! Lo mejor que puedas, mira las palabras y tomasusignificado sin escucharlas.

1. Guíe con sudedofavorito o algúntipo de instrumento para señalar las palabras que estáleyendo. Aumentagradualmente la velocidad de tuguía; Esto le ayudaráaestablecer un hábito de lectura suave y rítmico.

2. Intente leer lo másrápido que puedadurante un minuto, sin preocuparse por la comprensión. No se preocupe por sucomprensión, este es un ejercicio de velocidadperceptiva, másadelantellegaremos a la comprensión.

3. Para esteejercicio, tepreocupaprincipalmente la velocidad, aunque al mismotiempo lees la mayor comprensiónposible. La lectura debe continuardesde el último punto alcanzado. Hagaesto por un minuto y

luegocalculesuvelocidad de lecturausando la ecuación que le mostréanteriormente, tome nota de estocomosuvelocidad normal másalta.

4. A medida que muevesuguía a lo largo de la línea que estáleyendo, intentetomarmás de una palabra a la vez.

5. Cuandohayaalcanzado los límites del ejercicio anterior, tome un poco de material de lectura y trate de leer más de una línea al mismotiempo. Recomiendousar una revista para esteejercicio. Los artículos de revistas son perfectos para estaactividadporquemuchasrevistastienen columnasestrechas de aproximadamente 5 o 6 palabras, y debe ser material que teresultedivertido e interesante.

6. Experimentar con variospatrones de guía visual. Pruebe los movimientosdiagonales, curvos y rectos haciaabajo de la página. Ejercite los movimientos de sus ojossobre la página, moviéndolosenplanoshorizontales y

verticales y en diagonal desde la parte superior izquierda de la páginahacia la parte inferior derecha y, finalmente, desde la parte superior derecha a la parte inferior izquierda. Intentaacelerargradualmentedía a día. El propósito de esteejercicio es entrenartusojos para que funcionen de maneramásprecisa e independiente.

7. Ahora que supercepción de velocidad ha aumentado, tratemos de darlesentido a lo que se estáleyendo.

8. Practique la lectura (con comprensión) durante un minutoaaproximadamente 100 w.p.m. Más rápido que tuvelocidad normal másalta.

9. Cuando se sientacómodoleyendoaesavelocidad, aumentesuvelocidadenotros 100 W.P.M, y continúeaumentandoenincrementos de 100 W.P.M hasta que encuentre que ya no puedecomprender lo que estáleyendo. Si cuentacuántas palabras hay en una

líneapromedio, entonces es fácilconvertir w.p.m. enlíneas por minuto. Por ejemplo: si una líneatiene 10 palabras y estásleyendo una línea por segundo, entoncesestásleyendo a 600 w.p.m.

10. Comiencedesde el principio de un capítulo y practique leer treslíneas a la vez, con una guía y una velocidad de lecturarápidadurante 5 minutos.

11. Sigaleyendodesdeeste punto, con el objetivo de comprender a la mayor velocidadposible.
Hagaestodurantecincominutos, luegocalcule y registresuvelocidad de lecturaen w.p.m.

12. Tome un librofácil y comience el principio de un capítulo. Establezca un temporizador para 4 segundos y hojee, con el objetivo de completar una páginacada 4 segundosdurante un minuto.

13. Regrese al comienzo del capítulo y practique la lectura a

suvelocidadmínimadurantecincominutos. El tercerRayo

Tres es probablementesuficiente.

Técnicas de estimulación y escaneo

La siguientetécnica que me gustaríacubrir es la estimulación. Si bien algunos de los ejercicios de velocidad del capítulo anterior puedenconsiderarsesuperficiales, este es más un ejercicio visual que una lectura para comprender. La estimulación lo ayudará a reducir la cantidad de trabajo que sumentedeberárealizar hasta en un 75%, sin una disminuciónsignificativaen la comprensión. Una vez que domines el ritmo, veremos una técnica de escaneomuypotente.

La búsquedaestáenmarcha, gran cazador!

OK, voy a tener que pedirle que vaya a buscar un componenteimportante para nuestropróximoejercicio. Lo ideal es que tenga una regla de plástico o una tira de plásticotransparente de aproximadamente 5 cm de ancho (2 "). Si no tiene una pieza de plástico de alrededor de 5 cm de ancho a mano enestemomento, puedehacersupropiapieza de plásticotransparente.

¡Hagamos una de una botella de aguavacía!

Solo necesitarás una botellavacía, tijerasafiladas,
y tuspoderospuños de rabia.

Toma todas las frustraciones de la vidaenello,
Hasta que quede tan planocomo una botella deaguatriturada.
Corta laparte superior e inferior, y luego se corta a lo largo de una de las curvas.

Corta las tiras !!!
Wow,nopuedocreer lo fácil que era! Incluso me atrevería a decir que fuedivertido ... Es posible que

deseeredondear las esquinas un poco, que son un pocoagudas. Una bolsa de sándwich o film transparente, tambiénhará el trucosiusted no tiene una botella.

Si no estádemasiadoenfadado por tener que hurgarensu casa por piezas de plásticotransparente, vamos a seguiradelante con algunosejercicios de estimulación.

Estimulaciónquímica1

Es la forma en laque flashobtuvo sus poderes!

Coloque la tira de material transparenteverticalmenteabajo de una página de texto, y coloque sus manos a cadalado de bloquearcualquiertextofuera de la ventana. El propósito de esto es para definir la sección de la páginaen la que se utiliza la técnica de estimulación. Por sólofijarseen las palabras de la zona de estimulación, suvelocidad de lecturase reduce enaproximadamente un 50%, sin reducirsucomprensión , por tanto se veobligado a pensarmásallá de las palabras que sus ojosestánviendo.

Cuando sus pensamientosestánen la mismamateria que el material que estáleyendo, la adición de sus experienciaspersonales para la lecturaaumentasucomprensión y la memoria. Si lee dentro de la zona de estimulación al deslizar la guíahaciaadelante y haciaatrás o en un patróntipo Z \ S al final de la página, verá que ha leídoaproximadamente 200 palabras con no más de 50 o 60 fijaciones. Todo el tiempo que lees de estamanera, tusojosven y captan las palabras extrañas con tuvisiónperiférica y estáspensandotodo el tiempo, reuniendo ideas, porquetucerebro es una esponja de tofu grande que tiene sed de absorber el conocimiento. (o lo que sea...).

Los primeros 10-15 días al usarestatécnica, esperan ser frustrantes. Al principio puede que recuerdessólo 3 o 4 palabras de cadalectura, perosuobjetivo es irmásallá del acto literal de recordar las palabras aisladas, a la captación y relatividad de las ideas.

Estorequiere de muchapráctica, por lo que no se dé por vencido!

Una vez que se hanacostumbrado a estetipo de lectura, se puededesarrollar y utilizar la técnicaaúnmásdejando que tusojosvayanmásallá de los límites de tuguía, la selección de la página de las palabras que son másinformativos. A medida que la práctica de esta forma, tratar de fijarenpartes del habla, es decir, sustantivos, verbos, adjetivos, etc. Encontrarás que comienzas a vermás y más a través de la visiónperiférica, y comoresultadoencontrará que se estáconcentrandomás y acelerandosupensamiento.

RECUERDA: Amplíatuvisión. Enlugar de centrarteen una palabra a la vez, concéntrateencuatro, siete o diez palabras. Confíaentimismo para poderver las palabras másrelevantes de un vistazo y completar el resto.

Estimulaciónquímica 2

Ok, ok dejaré de torturar al Hombre paloahora.

1. Coloque el libro que pretende leer delante de usted y coloque la regla de plástico o la tiraverticalmenteen la páginacomoen el ejercicio anterior.

2. Use un dedo o un bolígrafocomo un marcapasos; muévalosuavemente por el centro de la página, sobresutiratransparente. Esto lo harámuchomásfácil, hasta que hayadisciplinado sus ojos para "pasear por la página". Es posible que el hecho de mover una tarjetapequeña por la tira de plásticodistraigamenos. La razón para usar la tarjeta, un bolígrafo o los dedos de estamanera es mantener los ojosmoviéndosehaciaabajo a un ritmofluido, no tengamiedo de

experimentar con diferentesmarcapasos.

3. Cuandollegues al final de la página, anotatodas las palabras que recuerdes. Si no recuerdasninguna palabra, no dejes que estotedetenga, mejorarás con la práctica. Eventualmenterecordaráspensamientos y grupos de palabras con facilidad. Al hacer una pausafrecuente para resumirmentalmente lo que has leído, te resultarámuchomásfácilorganizer tuspensamientos y mejorar la retención.

Al igual que con el aprendizaje de cualquierhabilidad, es posible que deba romper algunosviejoshábitos antes de poderconvertirseen un lector de velocidadcompetente.

Dos de los hábitosmásimportantes que debe romper son el hábito de leer palabra por palabra y esperarlograr una comprensióncompleta. Muchosejercicios de lecturarequieren que olvide la comprensión y concentretodos sus esfuerzosen la habilidadfísica de leer rápidamente. Para dominar la técnica del ritmoadecuado, debe comprender la capacitación que está a punto de alimentarsumente. Se le pide que mire las palabras tan rápido que posiblemente no puedapronunciarlas, y tan rápido que tampoco las entenderácompletamente. Cadavez que hagas los ejercicioscomprenderásunaspocas palabras. A medida que continúes con estosejercicios, comenzarás a comprender los pensamientos y, finalmente, estoequivaldrá a una velocidad de lecturamuchomásrápida para ti. Al realizarestetipode ejercicio, siempre debe regresar y releer el pasaje a un ritmocómodo, a un ritmoen el que puedaobtener una comprensiónadecuada. Cadavez que hace un ejercicio de velocidad y luegovuelve a lo que parece ser suvelocidad normal, encontrará que suvelocidad normal se ha vueltomásrápida.

Dado que el idiomainglés es

inmensamenteredundante, se puedeomitir una gran cantidad de material sin ningunapérdida de significado; una gran parte de la informaciónen un texto dado puede ser absorbida a través de la visiónperiférica. Las palabras que tienen una altaprobabilidad de apareceren un contexto dado no tienen que verificarse al mirarlasdirectamente; la visiónperiféricapuedeverificar que las palabras sean las esperadas, inclusocuando el ojo se estáfijandoenotraparte. Practicar las técnicas de estimulación lo ayudará a prepararse para leer de estamaneraampliada, no leyendo a lo largo de cadalínea, sino de lado a lado del centro de la página, observando la mayor parte de una líneaen una mirada, y tambiénabsorbiendoperiféricamentevarias líneasmásdebajo. eso.

Un lector experto es capaz de obtener una comprensiónadecuada del punto que el escritorintentabaexponer, haciendoplenouso de la visiónperiférica. Este uso de la visiónperiféricaayudaaacelerar la lectura, asícomo a aumentar la comprensión.

Muchosestudiantesdescubren que tan pronto como se vuelvenadeptos a la lecturaveloz, sucomprensiónaumenta.

Los lectoresexpertosenvelocidadtienen una perspectivamásamplia de lo que estánleyendo, y comoestánleyendomásrápido, la memoria a cortoplazo de lo que se acaba de leer se remonta a variasoraciones y las palabras que se leenactualmente se entienden dentro de un contextomásamplio. El entrenamiento de altavelocidadtiene dos ventajasadicionales; lo alienta a ver las palabras clave en el texto y aporta el hemisferio derecho de sucerebro (que controla la visiónperiférica) al proceso de lectura. De este modo, se aumenta la integración y se facilita la capacidad del cerebro derecho para establecerrelaciones dentro del material.

Exploración

Un escaneo es un patrónfijo de búsqueda. El escaneo es másútilcomoacciónpreliminar, para obtener una vista previa del material rápidamente antes de leerloenprofundidad, o para determinarsi es inclusonecesaria una lecturaenprofundidad. Darle al material un escaneosuficiente le darámás del contexto de lo que leerá y, habiéndolo visto una vez, tendráciertafamiliaridad y se mejorará la retención.

Sigue los pasos a continuación y realiza un escaneorápido de una novelaligera.

1. Establece un temporizador de 15 segundos; con el objetivo de terminar una página antes de que acabe el tiempo. Con una ampliapráctica, estetiempo se reducirá a 12 o 10 segundos por página, ¡talvezinclusomenos!
2. Estásbuscando personas significativas, eventos y conflictos. Detente al final de cadacapítulo para revisar lo que acabas de

leer. Especulasobre los contenidos del próximocapítulo antes de seguirleyendo; Tesorprenderás de lo preciso que puedes ser.

3. Una vez que hayaterminado de escanearvarioscapítulos (no más de cinco), probablementetendrá que hacersealgunaspreguntasrelacionadas con eventosperdidos e información. Especulesobreestasrespuestas, luegoregrese y vuelva a leer estoscapítulosnormalmente, para versiestabaen lo correcto.

4. Cuandohayallegado al final del libro de la manera anterior, tómese un tiempo para resumir la historiamentalmente. Forme y respondacualquierpregunta sin respuestaacerca de la historia y evalúe lo que obtuvo de estelibro.

Al utilizar los ejerciciosanteriores, pronto descubrirás que tienemucha mayor concentración y retención. A través de estosprocedimientoshabrásdesarrollado una habilidadduradera y muyútil.

El escaneo es un método de dos etapas que involucra la recopilación y organización de hechos e ideas relacionadosen la secuencia que tienemássentido.

Técnicas de lecturaenprofundidad

Las técnicas de escaneo no son realmenteideales para la ficción, ya que sabes lo que sucederá antes de tiempo, arruinandoefectivamente la historia. Con material serio y no ficticio, son útiles para evaluar los contenidos y la calidad, proporcionar un contexto para suestudio, encontrar una entrada en particular o decidirsirealmenteestudiar el material.

Ser capaz de leer a 2.000 palabras por minutotienepoco o ningún valor, si media hora mástarde se ha olvidado el 90% de la información. La lectura, como se describióanteriormente, incluye no solo el reconocimiento y la asimilación del material escrito, sinotambién la comprensión, la retención, el recuerdo y la comunicación. El enfoquemáscomún para el estudio de un nuevo texto es elenfoque "inicioycuerpo". El lector abre un libroen la página 1 y lee hasta el final. Este podríaparecer el enfoquemásobvio, pero de hecho es un usoineficiente del conocimiento y el tiempo del lector y tiene una serie de desventajas:

1. Es posible que se pierdatiemporevisando material que ya es familiar, irrelevante para el estudioencuestión o que puedaresumirsemásconvenientemente másadelante.

2. El lector no tiene una perspectiva general hasta que termina el texto, y posiblementenisiquieraentonces.

3. Cualquierinformación que se retienegeneralmente es desorganizada, raravezestá bien integrada con el resto del

libro, ni con el conocimientocompleto del lector.

4. La motivación es baja y el lector tiendeaaburrirse, embotarse y cansarse; conduciendo a la eficiencia de lecturapobre.

Un enfoque lineal para estudiar es comoir de compras al caminarsistemáticamente por cada pasillo del centrocomercial, ir a cada tienda, con la esperanza de encontraralgopero no saber qué.
El enfoqueholístico para estudiar es paralelo a la actividad normal de las compras; unoprepara una lista de lo que se requiere, sigue la ruta a su tienda deseada (notandootrosescaparatesen el caminoencaso de que contenganartículos de interésinesperados), y visita solo aquellas tiendas que contienentodo lo que unonecesita, con suerte con el tiempo y energía de sobra.

La lecturaenprofundidad o "estudio" es el proceso de lecturamáscomplicado y más lento. Comience con una encuestainicial o lectura previa (consulte el capítulo de escaneo), reuniendo el contexto y los conceptosprincipales; La lecturaenprofundidadimplica un pensamientocrítico y analítico para interpretar, evaluar, juzgar y reflexionarsobreinformación e ideas. Para sufacilidad de escaneo, he desglosado la lecturaen 4 pasosprincipales.

1. Recopilación de hechos e ideas.

2. Clasificación de los hechos e ideas para la importanciarelativa y surelación entre sí.

3. Medirestas ideas contra la base de conocimientoexistente.
4. Un proceso de selección; separando las ideas enaquellas que desearecordar o sobre las que debe actuar, e ideas que desearechazar.

Las técnicas de lecturaenprofundidad son una forma de auto-cuestionamiento. Mientrasleemos, intentamos responder preguntas de CÓMO y POR QUÉ, junto con las sugerenciasimplícitas; Explicar, describir, evaluar, interpretar, ilustrar y definir. Al leer material no ficticio y otro material serio, el procedimientocompleto es el siguiente:

1. Establecer el propósito

Responda la siguientepregunta lo máscuidadosamente y completamenteposible:

¿Quéquieroaprender de este material?

Surespuestaaestapregunta es supropósito para la lectura. Puede ser útilenestaetaparevisarsuconocimiento actual del tema, ya que probablemente no se dispongaaestudiarinformación con la que yaestéfamiliarizado. Estarápidarevisión de suconocimientoexisteayuda a proporcionarle un objetivo claro para la sesión de estudio y expone las lagunasen el conocimiento y el correspondientedeseo de conocimiento.

2. encuesta

Un libro o publicación debe ser encuestado de la siguientemanera:
- Lea el título y cualquiersubtítulo.
- Descripciones de la página de ventas.
- Resúmenes de la cubierta (en el caso de un librofísico).
- Opiniones de los clientes (recuerde que son fáciles de falsificar, así que desconfíe).
- Identifique la fuente de la publicación, es decir, el autor y el editor.
- Leer la fecha de publicación o copyright. El libro bien puedehaberidomásallá de sufecha de caducidad; p.ej. un librosobreedición de películasescritoen los 80 probablementetendrápoco valor para alguien que no quierausar VHS para grabarsutrabajo.

Quépocosabíamos de resolución.
- Analizar el índice. Los conceptosparticularesenumerados y la

forma en que estánorganizados le diránmuchosobre la perspectiva del autor y si el librocubrirá o no las ideas con las que estátratando de familiarizarse. Con frecuencia, el Índice es una mejorguía para estos fines que confiaren la página de contenido.

- Lea el Prefacio. Casisiempreescritoúltimo; a menudo proporcionará un excelenteresumen, y generalmente una declaración de propósito para el libro y una nota sobre la perspectiva del autorsobre el tema. Tambiénescanea el avance y la introducción.
- Lea la Tabla de contenido, tome nota de la secuencia y compruebe los resúmenes de los capítulos. Los resúmenes de los capítulos son un resumen de los contenidos del capítulo. Con frecuencia le informaránsi una publicaciónen particular es adecuada para sus propósitos.
- El siguientepaso es echar un vistazo al material ensí. Lea los mapas, gráficos, ilustraciones, cuadros y encabezadosennegrita. Tenga una idea del

contenido real del libroobservando los comienzos y finales de los capítulos, los encabezados de las subsecciones y cualquierotracosa que llame la atención; busqueletrasennegrita, seccionesencursiva, etc. Lea los resúmenes que el autorhayaproporcionado. Si hay preguntas de estudio al final de cadacapítulo, definitivamentedeberíamirarlastambién.
Esto le dará una indicación del nivel del libroenrelación con suconocimiento actual.

Una vez que hayacompletado los pasosanteriores, ahorapuedetomar una decisióninformadasobresi el libro vale sutiempo o no.

3. RevisarPropósito

Una vez que hayarevisado el material y obtenidomásinformación, si ha decididousar el libro; Revisatupropósito original para leer el libro.
Pregúntate: ¿Por quéestoyleyendoesto?

Estoestablecerá sus objetivospersonales de aprendizaje.

4. Estudioenprofundidad.

Teniendoencuenta lo que quieresaprender, especulasobre la información que obtendrás del material. Cuandocomience a leer, asegúrese de tenerencuenta lo que quierelograrinvirtiendosutiempoenestelibro. A veces es inapropiadocomenzardesde el principio, así que use las técnicas de escaneoanteriores para decidirdóndecomenzar a leer.

Supropósito general para leer el material es sumejorguía.

Para estudiar con la máximaeficiencia, la maneraen que el autorpresenta sus ideas exigirá que varíeconstantemente la velocidad de lectura y la técnica de lectura que estáutilizando. Si continúaleyendo a la mismavelocidaddurante un períodoprolongado, es una buenaindicación de que no estáleyendo con flexibilidad y de que se estápermitiendo ser ineficiente. Tome notas, anote ideas principales, palabras clave y use MapasMentales. Tambiénayuda a marcar o subrayar / guardar palabras clave y conceptos dentro del propiolibro (la mayoría de los dispositivostienenestafunción y una rápidabúsquedaen Google le enseñarácómo), para ayudar a revisar. Si es un libro de papelantiguo (y tepertenece a ti ...), no tengasmiedo de usarbolígrafos de diferentescolores y escribe entodotulibro; Ayuda a la memoria y distingue diferentestemas y temas para una revisión posterior.

Estépreparado para omitirsecciones que yaseanfamiliares, irrelevantes, de relleno, de repetición, desactualizadas o enexceso (cadaescritor es culpable de haceresascosas de vezencuando). El hecho de que se hayaescrito no significa que sea 100% verdadero, así que asegúrese de rechazar los argumentosfalsos;

estasincluyen: generalizacionesapresuradas, premisas falsas, fuentesindefinidas, usoincorrecto de las estadísticas, y la listacontinúa ... Solo use susentidocomún e Internet, y estoyseguro de que estará bien. Preguntarcontinuamentequién, qué, por qué, dónde, cuándo y cómo. Hacerpreguntascontinuamente lo ayudaráaextraerdatosimportantes, asícomo a proporcionar un diálogointeractivoútil entre usted y el material de estudio.

La pregunta**Quién**teayuda a tenerencuenta a cualquier persona. Quienes son importantes para la informacióncontenidaen el libro. ¿Por quéclasifica los propósitos? Cómo se clasifican las secuencias de causa y efecto, las secuencias de tiempo, las instrucciones de procedimiento o proceso o dóndeencaja la nuevainformaciónensuvida. La pregunta**Dónde**señaladónde se estállevando a cabo la acción o dónde se puedeutilizar la nuevainformación. La preguntaCuándoindicarácuándotendrálugar un sujeto y cuándopodráutilizar la información que estásiendoabsorbida. Y ciertamente no menosimportante, la pregunta ¿Qué?tepermiterealizar una encuestarápida de tusconocimientosactuales Tome descansosregularescadatreinta o cuarentaminutos. Después de cada breve descanso, tómese un minuto para revisar el trabajo anterior; Estoconsolida la retención.

5. Evaluación

Sus pensamientosdebenorganizarse de una manera que simplementedescriba la información que ha aprendido y cómo se centraespecíficamenteensupropósito principal. Tus pensamientospueden ser organizados de la siguientemanera:
- Indique la idea oconceptomásimportanterelacionado con supropósito de lectura.
- Enumere las palabras clave, los hechos y

la informaciónrelacionados por orden de importancia: utilice la menorcantidad de palabras posible.

- Finalmente, escriba palabras o frasesimportantesenrelación con las ideas enumeradasanteriormente. Las cosasmásimportantes para anotar son personas clave, eventosimportantes, lugares y fechas. Estosactuaráncomocorredores de pensamiento o pistas de memoria, que se relacionandirectamente con las ideas primarias y secundariasenumeradas.

Estodeberíatenerlo bien encaminado para poder absorber información de la maneramásefectivaposible.

El fin

Ahora que has leídotodo el libro al menos una vez y eres un profesionalen los ejercicios; Me gustaría que volvieras a hacer la prueba de velocidad que deberíashabercompletado al comienzo de los ejercicios.

Entonces, ¿teconvertisteen un lector sobrehumanoentuprimeraejecución? Estoyseguro de que ha logrado una mejora considerable con respecto a la velocidad que estabaleyendocuandohicisteclic por primeravezen el botónComprarahora de estelibro. Por favor, no se desanimesiaún no tienesu W.P.M a un ritmoexcesivamenteimpresionante, las actividadesfuerondiseñadas para ser revisadas, ¡así que no terindas!
Siguepracticando los ejercicios y sorprenderás a jóvenes y adultos con tusfabulosashazañas de asombro antes de que te des cuenta.

Solo recuerda que no sucede de la noche a la mañana y que, comotodo lo que vale la pena, requerirámuchotrabajo y determinación. ¡Así que establecetusmetas y haz lo que seanecesario para alcanzarlas! Tútienestodos los pasos para convertirteen un lector de velocidadcompetente, depende de tíseguirlos y hacer que suceda.

La lecturaveloz es solo una piezapequeña del rompecabezas que erestú, ¡y ser el mejor que puedas! La vida es un viaje sin parar; solo perdemossidejamos de intentarlo, siempreprocura ser mejor de lo que eras ayer! El tiempo que pasasdescansandofrente al televisor es un tiempo que puedes pasar mejormoldeando a timismoen la mejor forma de vidaposible que tuslimitacionesfísicastepermitan. Esta es exactamente la razón por la que creé la serie de libros "¡Conviérteteen un superhombre!" Cadalibroestádiseñado para proporcionarte una nuevahabilidaden el menortiempoposible. ¿Por quéconformarse con tener una sola superpotencia? ¡El poderestá dentro de ti para tomar el destinoentuspropias manos y llegar a ser tan poderosocomoelijas ser!

www.ingramcontent.com/pod-product-compliance
Lightning Source LLC
Chambersburg PA
CBHW071859070526
44583CB00016B/1765